O MÍNIMO SOBRE
CRISE CONJUGAL
MARCELO
ZANETTE
MÍNIMO MÍNIMO

O MÍNIMO SOBRE
CRISE CONJUGAL
MARCELO
ZANETTE
MÍNIMO MÍNIMO

O MÍNIMO SOBRE
CRISE CONJUGAL
MARCELO
ZANETTE
MÍNIMO MÍNIMO

O MÍNIMO SOBRE
CRISE CONJUGAL
MARCELO
ZANETTE
MÍNIMO MÍNIMO

O MÍNIMO SOBRE CRISE CONJUGAL
Marcelo Zanette
1ª edição — outubro de 2023 — CEDET
Copyright © Marcelo Zanette 2023

Editor:
Thomaz Perroni

Assistente editorial:
Gabriella Cordeiro de Moraes

Revisão:
Nelson Carvalho Neto

Preparação de texto:
Gabriella Cordeiro de Moraes

Capa:
Laura Barreto

Diagramação:
Virgínia Morais

Revisão de provas:
Mariana Souto Figueiredo
Victor Helder Figueiredo
Natalia Ruggiero

Conselho editorial:
Adelice Godoy
César Kyn d'Ávila
Silvio Grimaldo de Camargo

Os direitos desta edição pertencem ao
CEDET — Centro de Desenvolvimento
Profissional e Tecnológico
Av. Comendador Aladino Selmi, 4630
Condomínio GR Campinas 2 — módulo 8
CEP: 13069-096 — Vila San Martin,
Campinas-SP
Telefones: (19) 3249-0580 / 3327-2257
e-mail: livros@cedet.com.br

FICHA CATALOGRÁFICA

Zanette, Marcelo.
O mínimo sobre crise conjugal / Marcelo Zanette
Campinas, SP: O Mínimo, 2023.
ISBN 978-65-85033-21-3
1. Casamento 2. Guias para a vida familiar cristã
I. Título II. Autor

CDD — 392.5 / 248.4

ÍNDICES PARA CATÁLOGO SISTEMÁTICO:
1. Casamento — 392.5
2. Guias para a vida familiar cristã — 248.4

www.ominimoeditora.com.br
Reservados todos os direitos desta obra. Proibida toda e qualquer reprodução desta edição por qualquer meio ou forma, seja ela eletrônica, mecânica, fotocópia, gravação ou qualquer outro meio de reprodução, sem permissão expressa do editor.

SUMÁRIO

INTRODUÇÃO

De acordo com as Estatísticas do Registro Civil 2021, divulgadas pelo Instituto Brasileiro de Geografia e Estatística (IBGE), o número de divórcios no Brasil atingiu a marca de 386,8 mil, em 2021. Além disso, nos últimos anos, houve uma diminuição do tempo médio entre a data do casamento e a data da sentença ou escritura do divórcio de 16 para 13,6 anos. Nas grandes regiões, esse tempo médio variou entre 15 e 17 anos em 2010 e entre 12 e 15 anos em 2021.

Diante dessa realidade, é bastante comum cairmos na tentação de pensar que o casamento é uma instituição antiquada e fracassada. Como afirma Cormac Burke, em seu livro *Amor e casamento*,

"um mundo que começa acreditando no divórcio começa a desacreditar do casamento".[1]

Para quem vive na insegurança desse potencial fracasso, o divórcio pode surgir como uma saída aparentemente fácil para as situações de crise. Contudo, não somente é possível que o casamento seja bem-sucedido, como este é o seu fim natural.

A vida conjugal é uma união onde compartilhamos sonhos, objetivos, momentos felizes e, é claro, desafios. Mesmo nos relacionamentos mais sólidos, é comum encontrarmos períodos de turbulência que podem levar a essa situação que atrapalha o casamento, que nós chamamos de "crise". À medida que o relacionamento amadurece,

---

1 Cormac Burke, 2017, p. 17.

é normal que o casal atravesse esses períodos em que se intensificam os desentendimentos e conflitos. Dependendo de como os cônjuges lidam com os desafios — individualmente e enquanto casal — pode surgir uma sensação de desconexão crescente. Se a situação se torna uma crise, é sinal de que algo não está funcionando adequadamente e requer atenção imediata.

Uma crise conjugal pode ser desencadeada por uma série de fatores: problemas de comunicação, diferenças de temperamento e de personalidade, questões financeiras, infidelidade, estresse externo, mudanças na dinâmica familiar, expectativas não atendidas, entre outros, e tem um impacto significativo em ambos os cônjuges. A confiança pode ser abalada e a intimidade prejudicada, resultando em uma impressão mais ou menos real de distanciamento entre o casal. Esses sentimentos podem levar a um ciclo de negatividade e ressentimento, intensificando ainda mais a crise.

No entanto, é importante notar que a crise conjugal não deve significar o fim do relacionamento, mas sim um ponto de virada. É uma oportunidade para os cônjuges refletirem sobre si mesmos e sua responsabilidade na situação, e para buscarem juntos soluções para melhorar o relacionamento. Resolver uma crise conjugal exige trabalho árduo, comprometimento e abertura para mudanças, o que não é fácil. Mas todo esse esforço vale a pena: é possível reconstruir as bases do casamento e superar a crise, saindo dela com um relacionamento mais forte e resiliente.

Existem diferentes abordagens para superar uma crise conjugal. O modo de agir depende das circunstâncias de cada casal. De qualquer maneira, é importante que cada cônjuge faça uma reflexão pessoal, reconheça suas próprias limitações e erros, trabalhe no seu próprio amadurecimento, no desenvolvimento da empatia e da capacidade de perdoar.

Uma crise pode ser uma oportunidade para reavaliar as expectativas e metas do casal,

redefinir prioridades e encontrar um equilíbrio saudável entre a vida pessoal e a vida a dois.

Pode ser um momento para intensificar a parceria e reafirmar os compromissos mútuos, abrir-se para novas formas de interação, explorar atividades compartilhadas e investir na conexão emocional, a fim de reconstruir a intimidade e fortalecer o vínculo conjugal. Aproveitar essa oportunidade envolve revisitar os valores comuns do casal, estabelecer metas compartilhadas, criar um plano de ação concreto para superar os desafios do casamento e um espaço seguro onde o amor e a paixão possam florescer novamente.

Em última análise, superar a crise conjugal requer uma combinação de esforços e muito

comprometimento. É importante que os cônjuges estejam dispostos a assumir a responsabilidade por suas ações e comportamentos passados e a perdoar o outro, buscando melhorar e crescer como indivíduos. Assim como uma crise conjugal não acontece da noite para o dia, sua superação também não ocorre num passe de mágica. Requer paciência e perseverança, e haverá altos e baixos ao longo do processo, mas o importante é manter o foco no objetivo final de construir um casamento mais saudável e feliz.

Nas próximas páginas deste livro, iremos explorar o tema da crise conjugal de diversos ângulos, vendo aspectos comuns e situações cotidianas que podem ser verdadeiros desafios para o relacionamento de um casal, além de algumas formas de lidar com eles. É importante ressaltar que não trataremos de questões mais graves, como agressões e abusos físicos ou psicológicos, que exigem atenção e tratamento especializado. Nosso foco estará

nas dificuldades que muitos casais enfrentam no dia a dia, e em proporcionar *insights*, reflexões e orientações práticas para superá-las.

Mas, antes de adentrarmos no tema da crise conjugal propriamente dito e nas estratégias para enfrentá-la, precisamos falar sobre o que é este relacionamento que está em crise. É essencial compreender melhor o que é um casamento, quais outros tipos de relacionamento existem e qual é a diferença entre eles. Assim, poderemos formar uma base sólida a partir da qual exploraremos as questões subsequentes. Portanto, vamos a isso.

CAPÍTULO 1

O QUE É UM CASAMENTO?

A DIFERENÇA ENTRE OS VÁRIOS TIPOS DE RELACIONAMENTO

Antes de mais nada, como dissemos, precisamos compreender o que é um casamento. Afinal, como poderíamos consertar uma pia, por exemplo, sem ao menos saber o que é uma? A mesma coisa podemos pensar em relação ao casamento. Goethe, um pensador alemão do século XIX, dizia que pensar consiste em fazer distinções. No nosso caso, pensar sobre as crises conjugais envolve fazer essa distinção básica do que seja casamento.

Parte da onda de crises matrimoniais, aliás, surge do

desconhecimento generalizado a respeito do que seja um matrimônio.

Quando não conseguimos mais distinguir a relação entre cônjuges de outros tipos de relações entre homens e mulheres, estamos em maus lençóis. Qual é a diferença entre o casamento e outros tipos de relações amorosas, que, hoje em dia, parecem cada vez mais confusas? Por exemplo, qual é a diferença entre o casamento e um namoro? Ou, ainda, alargando um pouco mais, qual é a diferença entre ter um parceiro e ter um cônjuge? Por isso, vamos começar olhando para a realidade ao nosso redor, para, então, alçar voos mais altos.

Como começam os relacionamentos hoje em dia? Em geral, um homem e uma mulher se conhecem por acaso em algum evento social, como em uma festa ou no trabalho, e começam a interagir. Após os primeiros sinais de abertura, a reação de ambos geralmente é buscar o sexo. Se a experiência for agradável, buscarão mais e verão a conveniência de iniciar um relacionamento para, digamos assim, "fidelizar o cliente". Talvez, por conta da praticidade, em poucos meses estarão morando juntos. Temos, então, duas pessoas quase desconhecidas que vivem sob o mesmo teto.

Agora, ao olhar para esse processo, precisamos notar algumas omissões importantes. É provável que essas pessoas tenham caído na tentação de "se deixar levar pela maré amorosa" sem se perguntarem se essa relação terá ou não futuro.[2] Tudo acontece rápido demais, é algo impulsivo e

2 Enrique Rojas, *O amor: a grande oportunidade*, 2011, p. 46.

imediato, apoiado na força de uma atração que, muitas vezes, não é suficiente para sustentar uma escolha definitiva. Quantos relacionamentos não desabam pela fragilidade de seus fundamentos? Não houve um tempo próprio para conhecer a pessoa que é alvo do interesse, nem um tempo de preparação e arrumação para a vida a dois. A este primeiro processo, tradicionalmente, chamamos de namoro; ao segundo, noivado.

O namoro é um tempo fundamental para a construção de uma boa vida conjugal, e, quando não acontece da forma adequada, leva o casal à necessidade de correr atrás do prejuízo. O namoro existe para que o casal se aproxime e comece a se conhecer mais a fundo, uma vez que "não se pode amar o que não se conhece", como diziam os gregos. Aqui, importa mais conhecer o outro, começar a formar uma imagem de quem ele é, saber o que faz, do que gosta ou não gosta, o que pensa

sobre isso ou aquilo, muito mais do que saber se é bom ou ruim de cama. Um casal de namorados conversa, fala dos seus sonhos, medos, esperanças e inseguranças. Namorar é decidir se aquela pessoa por quem eu estou apaixonado é realmente quem estou pensando que é, e, seja quem for, se é boa para mim.

Durante o namoro as narrativas de duas vidas distintas começam a se tocar, mas ainda não formam uma só coisa. É, na verdade, mais como uma avaliação de terreno. Quando vamos construir uma casa, pensamos, em primeiro lugar, onde ela será construída. Ninguém decide construir no terreno de outra pessoa, nem no meio de um lamaçal. A mesma coisa se aplica ao namoro: buscamos ver se o coração daquela pessoa por quem nos apaixonamos já tem dono ou se é um lugar seguro para construirmos um relacionamento. Esse tipo de avaliação não se faz por adivinhação, chute

ou aproximação, mas por meio da conversa e da convivência frequente — sem o compromisso que o casamento traz consigo. Por exemplo,

---

se um namoro entra em crise, talvez a melhor opção seja o término.

Há menos em jogo e, em geral, um relacionamento que pode não sobreviver à prova do tempo dará fortes sinais disso desde o início. Mas, vale a pena frisar, isso só é bom porque no namoro não há um compromisso definitivo como aquele do casamento.

O namoro proporciona um conhecimento, embora essencial, ainda superficial e mais relacionado ao estilo de vida do outro, e assenta as bases para a próxima etapa. O noivado, por sua vez, implica um grau maior de compromisso e envolvimento, e "serve para conhecer a fundo a outra pessoa,

de modo que possamos compreender se é aquela com quem queremos nos unir para viver nosso chamado a cuidar do outro, a dar a vida e, em definitivo, a amar".[3] Esse período consiste numa adequação da vida à vida do outro, de modo que o casal se prepare social, financeira, psicológica e espiritualmente para permanecerem juntos durante o resto da vida.

No entanto, o noivado não existe apenas para que os noivos corram atrás de preparativos. Em especial, por conta do conhecimento e da intimidade que vão crescendo "ao longo do noivado, muitos indícios terão ajudado a decidir se a relação deveria ser terminada ou se, pelo contrário, deveria ser levada adiante".[4] Nesse ponto, apesar de todo o caminho percorrido, é necessário refletir seriamente a respeito dos rumos da relação e considerar o futuro

3 Nicolás Álvarez de Las Asturias, Lucas Buch, María Álvarez de Las Asturias, *Una decisión original*, 2017, p. 51.

4 Ibid, p. 49.

que os aguarda. Se, por exemplo, o noivo percebe que sua companheira está sofrendo com as pressões feitas pela mãe por conta dos preparativos da festa, mas não consegue se impor e colocar limites, ele deve ter em mente que esse comportamento pode se repetir ao longo do casamento.

As pessoas não são folhas em branco. Quando as conhecemos, felizmente, elas já possuem incontáveis experiências, hábitos, gostos etc. Mas, a partir do momento que realmente estamos certos de que queremos ficar para sempre com aquela pessoa, do jeito que ela é, temos de entender que "ou o noivado tem data de validade... ou a terá o amor".[5]

Nos últimos tempos, pelo que percebemos, muitas pessoas passaram a fugir dos compromissos e responsabilidades, por isso não querem saber do casamento. Aliás, este também pode ser um problema para os já casados, porque, quando alguém

---

5 Ibid.

decide se casar sem compreender plenamente o compromisso que está assumindo com o parceiro e o vínculo que se estabelece com ele, as dificuldades podem parecer insuperáveis. Para que tudo isso fique claro, precisamos entender melhor qual é o tipo de união que há entre casados, que se distingue radicalmente de outros tipos de relacionamento.

O VÍNCULO DA UNIÃO CONJUGAL

Quando duas pessoas se conhecem profundamente, eventualmente podem experimentar a "súbita certeza de que se encontrou o que buscava",[6] que é um ponto de virada de toda a vida. É a partir dessa experiência que o casamento encontra a sua realização por meio da *escolha livre e definitiva* pelo outro, que deve ser tomada com tranquilidade e prudência. Então, cada um se torna para o outro o seu próprio futuro, a grande meta que dá sentido

---

6 Enrique Rojas, op. cit., 2011, p. 38.

para a vida toda, e o vínculo matrimonial pode ser formado.

Em primeiro lugar, o objetivo da união conjugal, seu maior bem, é ensinar os cônjuges a amar.

O matrimônio consiste, sobretudo, nisto: amar cada dia mais o cônjuge, entregando-se mais e mais a ele.

E, por sua vez, entrega pressupõe sacrifício e abnegação. Os cristãos costumam dizer que a alegria tem suas raízes em forma de Cruz, isso porque constatam que todos os bens que realmente valem a pena são custosos, dão trabalho para se conquistar e manter. Pensemos, por exemplo, no mundo corporativo. Quando se busca uma promoção de cargo, precisa-se demonstrar seu valor aos superiores, fazer mais do que o mínimo durante um período que talvez seja longo, a fim de mostrar que se é capaz. Depois, quando a

promoção é conquistada, é necessário manter o desempenho para que não venha outro e tome o seu lugar. Por que, no casamento, tendemos a pensar que a situação é tão diferente? Justamente porque temos somente uma ideia vaga a respeito do que está realmente em jogo. No fundo, dificilmente encontraremos um bem mais árduo e, ao mesmo tempo, mais pleno do que o casamento. O amor verdadeiro é uma felicidade sem limites, que compensa qualquer sacrifício.

O vínculo conjugal propriamente dito diz respeito a uma necessidade da natureza humana em assumir compromissos permanentes, isto é, que durem a vida toda. Nós precisamos de estabilidade e segurança para sermos bem instalados na realidade que nos circunda e nos exige a todo momento. Há certo esgotamento mental em estar com alguém sem compromisso algum, sem estabilidade, sem responsabilidades. Por mais cansativo que o compromisso possa ser, ele nos traz a alegria que

nasce do amor verdadeiro, da doação abnegada e luminosa. Mas, para isso, é necessário termos uma visão positiva da fidelidade ao compromisso — que, de fato, a fidelidade seja vista em todo o seu poder e beleza, que seja vista como a perfeição do Amor.

Quando falamos em fidelidade ao vínculo conjugal, não estamos nos referindo apenas ao fato quase óbvio de que a traição é um erro grave que deve ser evitado a todo custo. Existem muitos modos de se viver a fidelidade. Vive a fidelidade, por exemplo, quem procura ter um tempo para a família apesar da pesada carga de trabalho; vive a fidelidade quem busca o bem do outro acima dos seus interesses particulares; vive a fidelidade quem dá voz ao outro, quem cria e mantém um ambiente seguro, amável e acolhedor para que o cônjuge desenvolva uma personalidade sadia.

Além disso, outro aspecto importante do vínculo conjugal é o social, isto é, aquele que envolve

a vida do casal em relação à comunidade na qual está inserido. Em geral, esse ponto costuma trazer muitos problemas para os esposos. Por um lado, muitos casais se fecham em si mesmos e abandonam quase que completamente o convívio com a família e os amigos, privando-os de sua convivência; por outro, também é muito comum que o casal esteja tão voltado para fora que tenha dificuldades em cultivar seu próprio relacionamento. A situação piora quando um dos cônjuges quer estar entre as pessoas, disperso em uma multidão de eventos sociais, enquanto o outro espera ansiosamente por um cuidado pacato e mais dedicado da relação. Nesses casos, precisamos ter muita prudência. Não basta dizermos que uma solução é melhor do que outra. Na verdade, o que nos falta é compreender que a família — e um homem unido a uma mulher pelo vínculo conjugal já forma uma família — é a base e o fundamento da sociedade. Para que o

vínculo possa ser mantido em todas as esferas públicas, ele precisa ser alimentado na esfera privada, dentro do lar.

"Na vida de um casal, uma das qualidades mais importantes é a unidade. Um casal sem unidade não é um casal".[7]

Por fim, cabe ressaltar que as formalidades são parte essencial da construção do vínculo conjugal. Sempre, na maioria das culturas, a realização do casamento envolveu um rito, a presença dos familiares dos noivos e a apresentação do casal à comunidade. Só com o individualismo da cultura moderna que essas instituições começaram a balançar. Aqui convém dizer que o casal não é

---

7 Pe. Paulo Monteiro Ramalho, 2020. Disponível em: https://www.fecomvirtudes.com.br/e-melhor-errar-junto-do-que-acertar-sozinho/. Acesso em: 18 jul. 2023.

um átomo solto no mundo, que pode fazer o que quiser do modo como quiser. As pessoas se formam a partir de suas relações. Se ignorarmos essa dimensão do matrimônio por considerá-la muito exterior, inautêntica, abrimos mão de algo muito importante e que tem suas raízes nos apelos mais profundos do coração humano.

O AMOR CONJUGAL

O amor conjugal é uma jornada fascinante e complexa, composta por diversos sentimentos que emergem dos nossos instintos mais profundos. Embora muitas vezes rotulemos esses sentimentos como diferentes formas de "amor", "às vezes, fala-se do amor como se fosse um impulso para a satisfação própria, ou um simples recurso para completarmos em moldes egoístas a nossa personalidade. E não é assim: o amor verdadeiro é sair de si mesmo, entregar-se. [...] O amor deve ser renovado

dia a dia; e o amor se ganha com o sacrifício, com sorrisos, com arte também".[8] Por isso, é importante compreender sua origem e como cada forma de amor se interliga com as outras. Diversos autores se dedicaram à diferenciação entre essas várias formas, como C. S. Lewis no conhecido livro *Os quatro amores*. Aqui, tentaremos abranger algumas dessas perspectivas em uma breve síntese.

Em primeiro lugar podemos considerar o amor de amizade, também conhecido como *filia*, que surge da nossa vida social, assim como o companheirismo e o coleguismo. Essa forma de amor baseia-se na afinidade entre iguais, na conexão mútua que temos com aqueles com os quais compartilhamos interesses, valores e experiências.

Depois, podemos considerar o amor venéreo ou atração sexual. Ele surge inicialmente da atração

---

8 Josemaria Escrivá, *É Cristo que passa*, n. 43. Disponível em: https://www.escrivaworks.org.br/book/cristo_que_passa-ponto-43.htm. Acesso em: 18 jul. 2023.

pela aparência física e pelas qualidades sexuais secundárias do outro. No entanto, essa atração inicial tem como objetivo nos levar a um conhecimento mais profundo do outro, estabelecendo uma conexão emocional e intelectual que vai além do aspecto físico.

À medida que progredimos nessa jornada amorosa, alcançamos o amor erótico, ou *eros*, mais conhecido como apaixonamento ou paixão amorosa. Nessa fase, o foco não está mais exclusivamente no corpo do outro, mas sim na totalidade da sua pessoa. É um amor mais afetivo e passional, que envolve uma gama ampla de sentimentos, como desejo, esperança, alegria e ternura. É importante perceber que o amor erótico precisa evoluir, descentralizando-se do egoísmo individual e voltando-se para o outro.

Esse amor é frequentemente mal interpretado na nossa sociedade atual, sendo associado principal-

mente ao aspecto sexual. No entanto, embora seja derivado do instinto de reprodução, sua verdadeira essência está intrinsecamente ligada à concepção e educação dos filhos.

> ***É importante desfazer a ideia equivocada de que o amor entre homem e mulher envolve apenas sexo,***

e compreender que sua finalidade é muito mais profunda e significativa, e se orienta, justamente, à união definitiva e à formação de uma família.

Chegamos então no amor *ágape*, que é caracterizado por colocar a felicidade do outro acima da própria. É um amor altruísta, baseado na vontade de ver o outro feliz e realizado. O compromisso mútuo é fundamental nessa fase, e é por isso que o casamento é tão valorizado nas diferentes sociedades. O casamento é um "lugar antropológico" — uma espécie de "espaço compartilhado" que

incorporamos à nossa identidade — que é ocupado há milênios pelo amor existente entre um homem e uma mulher.[9] Por meio dele, expressamos publicamente nosso compromisso de exclusividade e dedicação ao outro, em busca de construir uma vida em comum. Esse é um amor mais estável e profundo, que surge entre os cônjuges à medida que trabalham juntos em uma tarefa comum, como construir um lar e criar uma família, e é sustentado pela experiência conjunta de todos os outros amores dentro da profunda união que se desenvolve entre os cônjuges. Do transbordamento desse amor entre os esposos, há, como que por uma necessidade intrínseca, o surgimento dos filhos — ou pelo menos a possibilidade do seu surgimento.

OS FILHOS

Os filhos são a consumação natural de qualquer casamento. A união entre o casal leva naturalmente

9 Enrique Rojas, op. cit., 2011.

à expansão da família, que abre suas portas para a vida e se deixa tomar por um impulso gerador. Hoje em dia, por conta da crise de valores do mundo no qual vivemos, este impulso à maternidade e à paternidade ficou um pouco ofuscado, apagado. No entanto, "em todo o rigor da palavra, os pais continuam nos filhos. Estes carregam sua semelhança, e os pais se veem física e moralmente repetidos neles. As crianças fazem parte de sua vida; a felicidade dos filhos faz parte da deles; eles sobreviverão por meio de seus filhos e, com eles, esperam construir uma vida melhor do que a que eles mesmos construíram".[10] Se os cônjuges percebessem a alegria que nasce dessa realidade, todos suplicariam por ela.

Ademais, os

filhos são o meio mais natural para o amadurecimento da personalidade,

---

10 Jacques Leclercq, *El matrimonio cristiano*, p. 242.

porque exigem uma constante superação dos limites impostos pelo nosso comodismo. Não se cresce apenas numericamente com os filhos, mas há um ganho qualitativo e real que leva o casal a outro patamar. Ao invés de focarem em suas próprias questões, nos pontos fracos do caráter próprio ou alheio, os pais sentem-se obrigados a um constante e quase que total desprendimento. Por isso:

> O amor dos pais é a única forma perfeitamente desinteressada do amor natural, no sentido de que os pais identificam o bem dos filhos com o seu próprio, a ponto de encontrarem o seu bem no dos filhos. É comum os pais se sacrificarem para ver os filhos saudáveis, felizes, e isso se observa entre pessoas que não manifestam, fora deste caso, nenhuma aspiração moral mais elevada. É que a felicidade dos filhos é a deles, porque os filhos fazem parte dos pais mesmos. Pela mesma razão, a inveja não se manifesta

> entre pais e filhos, ou, se às vezes é observada, aparece como uma monstruosidade. Os pais ficam naturalmente orgulhosos e felizes com os sucessos dos filhos, e os filhos com os sucessos dos pais, como se fossem seus. Os pais que sempre foram maus alunos se orgulham do sucesso escolar de seus filhos. Os laços de sangue criam uma solidariedade que atinge uma espécie de unidade física.[11]

É verdade que essa unidade pode ser impedida por problemas naturais de fertilidade do casal. Nesses casos, cabe ressaltar dois pontos centrais: 1) Os filhos são um dom, não um direito. Ninguém pode exigir filhos aos Céus, apenas suplicá-los humildemente. Portanto, não, não vale fazer de tudo para ter filhos. Existem questões éticas muito sérias a respeito desse assunto; 2) Em casos desse tipo, o casal não pode se acomodar de jeito nenhum

---

11 Ibid, p. 16.

à situação. Ele precisa buscar em outras fontes o vencimento próprio e o aperfeiçoamento da vida familiar que os filhos trazem. Geralmente, só os casais com ideais realmente nobres conseguem fazer isso. Seria preciso pensar a sério no que fazer em cada caso concreto, mas, por exemplo, o casal pode se abrir à adoção, ao cuidado de outras crianças da família (como sobrinhos), a obras de caridade etc. Nesse âmbito, o mais importante é fazer com que a família cresça e que as alegres dores do crescimento — como aquelas que costumam acontecer na adolescência — surjam.

No caso dos matrimônios em que o casal pode ter filhos, são raras as desculpas aceitáveis para evitá-los propositalmente.

Certamente, existem motivos reais para isso, e devemos tomar cuidado para não fazer juízos injustos em relação a outras pessoas com quem não

possuímos nenhuma intimidade. Mas também é verdade que, em geral, principalmente na nossa cultura, essa costuma ser uma decisão que parte do egoísmo, e que provavelmente, mais cedo ou mais tarde, acabará causando uma crise conjugal. Os filhos são a maior obra conjunta dos pais, a tal ponto que, se eles não são capazes de amar a ideia de tê-los, assim como todo o processo envolvido na sua geração e educação, dificilmente conseguirão atingir o autêntico amor conjugal.

Desde um ponto de vista mais amplo, cada filho é um novo começo da espécie humana. "Para cada casal, o seu filho é o primeiro do mundo, porque, mesmo que tenham visto outros filhos, mesmo que os tenham visto nascer e mesmo que tenham visto muitos nascerem, nunca antes tiveram a impressão de que este era tão único; para cada um, seus pais são os primeiros no mundo, os únicos".[12] Mais do

12 Ibid, p. 245.

que um simples fruto do amor dos pais, o filho deve ser entendido como a maior contribuição que dão ao mundo e, se acreditam em Deus, sua maior cooperação com Ele. Isso nos leva ao próximo e último tópico essencial para uma compreensão mais profunda do casamento: a espiritualidade.

CASAMENTO E ESPIRITUALIDADE

Aqui vamos falar da espiritualidade do modo mais geral e abrangente possível, tendo em mente que um matrimônio não precisa necessariamente ser cristão para chegar a certa plenitude. A ideia-chave da vez é que não há relação espiritualmente neutra, pois:

> Sem um sentido espiritual, a vida do ser humano corre perigo, e o futuro do casal se torna menos consistente, mais quebradiço. O sentido transcendente da vida traz razões positivas para viver e para esperar. Uma das dimensões principais

> da pessoa é essa que pode ser expressa como espiritualidade, transcendência ou, de forma mais concreta, como religiosidade. Quando se exclui Deus do horizonte humano, a vida fica mais ameaçada, pois faltam argumentos sólidos e pontos de referência [...] e a visão se torna reduzida, míope: apequena sua grandeza ao amputar-lhe um segmento tão decisivo, que eleva o nível de amor e o envolve em ideais. Se não existe esse sentido sobrenatural, por que não mudar de cônjuge quando algo falha e trocá-lo por outro (e assim até que a questão dê certo)? Essa forma de pensar está centrada no hedonismo e na permissividade.[13]

Ou seja, a única escapatória à entrega irrefletida aos conflitos e compulsões do dia a dia é a luta por uma vida espiritual séria e construída sobre fundamentos sólidos. Quando aplicado ao

---

13 Enrique Rojas, *Liebe: die grosse Chance*, 2016, p. 140.

casamento, este princípio ganha uma carga ainda mais densa, porque a vida de outras pessoas está diretamente envolvida.

Jacques Leclercq dizia que "a perfeita harmonia dos esposos continua a ser rara, porque basta que não estejam no mesmo nível espiritual para que seja impossível a realização integral do matrimônio [...]".[14] Quem não se impressionar com essa afirmação deve refletir um pouco sobre os caminhos que está trilhando. Imaginemos a seguinte situação: um casal nunca conversou sobre a fé porque nunca foi ensinado a respeito da importância dela. Um dos dois, em certo momento, resolve praticá-la e o outro se recusa a acompanhar. Pior: começa a colocar obstáculos para que o outro não faça aquilo que exige a sua consciência. Esse cônjuge que está buscando desenvolver uma vida espiritual se verá obrigado a escolher entre seguir sua consciência

---

14 Jacques Leclercq, op. cit., p. 289.

ou ter alguma paz em sua própria casa. Como um casamento desses poderia ir bem? No mínimo, haverá muita dor e ressentimento da parte de um deles. Feridas como essas podem cicatrizar, mas as marcas permanecem. Portanto, é melhor evitar o problema desde o início, conversando sobre as crenças (ou a falta delas), bem como dividindo sua experiência com o outro. Além de que, como mostram alguns estudos,

a dimensão religiosa é importante para a construção de um casamento duradouro e feliz.[15]

---

15 Cf. Junia Denise Alves-Silva, Fabio Scorsolini-Comin, Manoel Antônio dos Santos, *Bodas para uma vida: motivos para manter um casamento de longa duração*. Disponível em: http://pepsic.bvsalud.org/scielo.php?script=sci_arttext&pid=S-1413-389X2017000200005. Acesso em: 18 jul. 2023.

Podemos entender que a perspectiva cristã traz luzes especiais para esse tópico, pois considera que o amor conjugal pode ser elevado "do plano natural para o sobrenatural. Para os cristãos aparece especialmente, portanto, a lógica do amor como doação e serviço. E então a família se torna mais forte, pois é um santuário no qual a vida humana é acolhida em cada uma de suas etapas (e a pessoa é amada por si mesma)".[16] Busca-se, nesse sentido, o bem total do casal. Mas, qual bem?

> O bem é o que todos desejam; o que todos buscam, ainda que sem sabê-lo. O bem é aquele capaz de saciar a mais profunda sede do homem. A proposta cristã não tira do ser humano nada de mais genuíno dele mesmo; ao contrário, parte das virtudes humanas (aquelas que pode ter qualquer pessoa pelo simples fato de sê-lo, não importa a religião a que pertença) e prolonga nas cardinais e nas teologais.[17]

16 Enrique Rojas, op. cit., 2016, p. 145.
17 Ibid, p. 146.

De qualquer forma, a vivência da religião e da espiritualidade (sejam quais forem) é muito importante para a construção de qualquer casamento que se pretenda duradouro. Ela fornece valores, princípios e ensinamentos que orientam a conduta e a visão de mundo do casal. Proporciona força ao alicerce da relação por meio de uma estrutura moral que guia as decisões e ações dos cônjuges, promovendo a prática da compaixão, do perdão, da generosidade e da busca pela virtude. Além disso, a participação em comunidades religiosas oferece um ambiente de apoio e encorajamento, permitindo que o casal compartilhe experiências, desafios e aprendizados com outras pessoas que compartilham da mesma fé. Isso cria uma rede de suporte prático, que pode ser fundamental durante momentos de dificuldade e de crise.

Agora sim, depois de trilharmos todo esse caminho buscando uma maior e mais profunda

compreensão sobre o amor e o casamento (espero que você, leitor, tenha conseguido aproveitar para refletir também sobre a sua própria experiência), estamos prontos para entrar neste que é o assunto principal deste livro, para o qual tudo o que vimos até agora serviu de introdução e fundamentação: a crise conjugal.

CAPÍTULO 2

POR QUE OS CASAMEN-

O TEMPO E A ROTINA

No capítulo anterior, discutimos a importância de compreender melhor o nosso relacionamento e também o que é um casamento "de verdade". Agora, adentraremos em algumas das razões que podem levar os casamentos a entrar em crise. Você perceberá que um pouco do que veremos já foi antecipado de alguma maneira, mas, desta vez, buscaremos mergulhar mais a fundo no tema, com um enfoque mais direcionado.

Alguns profissionais defendem que existem "momentos" em que o casamento está mais propenso às crises. É comum ouvirmos falar, por exemplo,

TOS ENTRAM EM CRISE?

da crise dos 3 anos, dos 7 ou dos 11. Seja qual for a idade exata do seu relacionamento,

existem pelo menos dois fatores que atingirão a todos em algum ponto: o desgaste do tempo e a rotina "má".

O Pe. Francisco Faus, em um texto sobre o lar, comenta que, assim como nos quadros de pintores famosos, a bela combinação de luzes e sombras, bons e maus momentos, com o passar do tempo, pode ficar cada vez mais escurecida e ir, aos poucos, minando a beleza da composição: "No início do casamento, em geral, predominam as luzes:

a lâmpada do carinho dá a tonalidade dominante. Mas, conforme vai passando o tempo, em muitos casos — demais! — as sombras avançam, esbatem a luz, e finalmente a apagam".[1] Podemos ver exemplos disso a todo momento. Quantos casais desfrutam de uma profunda paixão quando se casam, com sentimentos intensos e uma forte atração um pelo outro, mas, ao longo dos anos, à medida que começam a enfrentar as pressões do trabalho e as demandas diárias, sentem sua energia sucumbir?

Ao longo dos anos, é natural que os relacionamentos enfrentem momentos de desgaste e monotonia, e é nessa fase que o casal pode se deparar com dificuldades em manter o amor vivo e luminoso. O tempo, por si só, exerce um papel determinante nas relações matrimoniais. À medida que os dias se transformam em semanas, meses e anos, é comum que os cônjuges sejam afetados pelo

---

1 Pe. Faus, 2020. Disponível em: https://padrefaus.org/2020/03/26/familia-sombras-no-lar/. Acesso em: 18 jul. 2023.

desgaste do dia a dia. O que antes era novidade e entusiasmo pode se transformar em uma sensação de estagnação e tédio:

> Cai o banho de ouro das aparências e ilusões, e aparece o metal barato ou o plástico de que estamos feitos, que a douração cobria. São as limitações; os defeitos enraizados, que se tornam mais evidentes e incômodos; as arestas do caráter; as manias, a falta de preparo e de responsabilidade para uma vida a dois e para a formação dos filhos [...]. Tudo isso é material pronto para a combustão.[2]

As responsabilidades profissionais, os cuidados com a casa, as questões financeiras e outras demandas pessoais e familiares podem consumir o casal, deixando pouco espaço para os momentos de intimidade e pouca energia para manter o relacionamento sempre novo.

---

2 Ibid.

A chegada dos filhos é um capítulo à parte, em que o casal enfrenta uma transformação profunda. Quando os cônjuges se tornam pai e mãe, suas prioridades e responsabilidades mudam drasticamente. A todas as obrigações da vida, some-se a dedicação ao cuidado e à educação dos filhos, a responsabilidade imensa de ter em suas mãos vidas que dependem exclusivamente de nós, o que exigirá uma dinâmica familiar toda nova. A chegada dos filhos pode trazer desafios emocionais e físicos, como a falta de sono, a divisão de tarefas e a adaptação a uma rotina completamente diferente, que pode ser ainda mais maçante que a anterior.

Com tudo isso, as obrigações do dia a dia tenderão a ganhar cada vez mais espaço, e a rotina "má", caracterizada pela repetição mecânica das atividades, a monotonia nos afazeres diários, pode ir deteriorando ainda mais o relacionamento. O outro mostra sempre "o mesmo temperamento

insuportável, os mesmos erros, as mesmas falhas, as mesmas mesquinharias, as mesmas discussões, as mesmas cobranças que, com os anos, em vez de melhorar, pioram".[3] Assim, ambos parecem presos em uma espiral de mesmice, em que se descuidam dos detalhes que alimentam o amor.

Muitas vezes, pode parecer que as pequenas coisas do dia a dia são banais ou insignificantes, mas é justamente nesse cotidiano que se encontra um terreno fértil para o amor e a contínua construção e reconstrução do relacionamento: "O amor deve ser renovado dia a dia; e o amor se ganha com o sacrifício, com sorrisos, com arte também".[4] São nos momentos aparentemente simples, como uma conversa ao jantar, um gesto de carinho, uma palavra de encorajamento ou até

---

3 Ibid.

4 *Entrevistas com Mons. Josemaria Escrivá*, n. 107. Disponível em: https://www.escrivaworks.org.br/book/questoes_atuais-ponto-107.htm. Acesso em: 18 jul. 2023.

mesmo uma tarefa doméstica compartilhada, que se constroem a intimidade e a conexão entre os cônjuges. Ignorar esses momentos e subestimar o valor das pequenas atitudes diante das inúmeras exigências da vida é um dos maiores erros que um casal pode cometer:

> ***"O cotidiano nunca é banal, nem insignificante, nem se pode descuidá-lo.***
>
> Nessas coisas pequenas existe um campo frutífero que deve ser explorado e trabalhado [...]. Quem pensa que isso são bobagens e tolices sabe muito pouco sobre como alimentar o amor".[5]

Nesse contexto, é importante percebermos que o desgaste causado pelo tempo e pela rotina, apesar de natural, não é incontornável. Existem casais que conseguem manter a vitalidade e o encanto

---

5 Enrique Rojas, op. cit., 2016, p. 54.

em seus relacionamentos, mesmo após anos de convivência. A diferença reside exatamente na maneira como esses casais encaram os desafios, na delicadeza nas coisas pequenas, e em sobre qual fundamento está assentado o relacionamento. À medida que os anos passam, casais que se basearam em frágeis narrativas românticas ou idealizadas podem se sentir frustrados e decepcionados quando a realidade não corresponde às suas expectativas. Isso nos leva ao próximo fator que pode levar os casamentos à crise: o eixo narrativo impossível.

EIXO NARRATIVO IMPOSSÍVEL

O problema da maior parte dos casamentos que acabam não é do casamento em si, mas de cada um dos cônjuges. O que eu chamo de "eixo narrativo impossível" é um tipo de padrão de pensamento pelo qual contamos a nossa própria história de forma irreal. Esse é o caso dos cônjuges que

estabelecem expectativas exageradas para o casamento e buscam em primeiro lugar a satisfação dessa narrativa idealizada, ao invés de cultivar um relacionamento instalado na realidade e comprometido com ela. Esse eixo narrativo pode se tornar uma fonte significativa de desgaste emocional e descontentamento ao longo do tempo. Passemos brevemente por alguns exemplos concretos:

Expectativas românticas idealizadas

Muitas vezes, quando as pessoas se casam, têm em mente uma narrativa romântica, quase perfeita, baseada em contos de fadas ou idealizações que não condizem com a realidade.

Os contos de fadas podem ser ótimos para a educação moral das crianças, mas não foram feitos para estabelecer um modelo prático de casamento.

De fato, não só pode como deve existir lugar para o romance e a paixão. No entanto, é natural que a intensidade das "borboletas no estômago" diminua à medida que a relação amadurece. Isso não significa que o amor diminuiu, mas sim que ele se transformou em algo mais profundo e estável. Esperar que o outro sempre proporcione momentos românticos perfeitos pode levar a muitas decepções e descontentamento.

Idealização do cônjuge

Outro exemplo é quando um cônjuge espera que o outro seja perfeito em todos os aspectos. Isso cria pressões e expectativas irreais quanto ao parceiro, que inevitavelmente falhará em atendê-las. Essa idealização também pode levar a conflitos e frustrações, e ocorre, principalmente, por falta de um conhecimento adequado do outro ou simplesmente pela recusa em aceitar a realidade como ela é. É importante lembrar que ninguém

é perfeito, incluindo nós mesmos. Aceitar e amar o parceiro em sua totalidade, com seus acertos e erros, permite um relacionamento mais genuíno e equilibrado.

Idealização da convivência complementar

Muitos casais aceitam suas diferenças somente pela expectativa de que a sua complementariedade tornará a convivência sempre harmoniosa e sem conflitos. Imaginam uma vida conjugal perfeita, na qual nunca haverá discordâncias sérias, e podem até mesmo negligenciar os problemas esperando que o casamento seja sempre um "mar de rosas". Essa ilusão pode causar a omissão de questões importantes que precisam ser discutidas. A convivência do casal envolve a união de duas pessoas com diferentes histórias, personalidades e visões de mundo. Portanto, é natural que ocorram desentendimentos, atritos e divergências de opinião.

A idealização da convivência pode levar à decepção quando os conflitos surgem, e o casal pode se sentir desorientado e incapaz de lidar com as dificuldades.

Idealização da felicidade conjugal

Alguns cônjuges podem acreditar que o casamento deve ser uma fonte de felicidade ininterrupta e plena. No entanto, é normal experimentar uma variedade de emoções ao longo do tempo, incluindo tristeza, estresse ou descontentamento. O casamento pode e deve ser uma fonte de felicidade, mas colocar a responsabilidade da nossa felicidade exclusivamente sobre o cônjuge é uma pressão que pode levar a crises profundas. Além disso, quando vemos o amor como algo que deve nos proporcionar satisfação e benefícios pessoais, estamos negligenciando o seu aspecto fundamental, que é a doação e o cuidado pelo outro. O verdadeiro amor conjugal não se trata apenas de receber, mas

de encontrar alegria em dar, de se comprometer com o bem-estar do outro e de construir uma relação baseada na reciprocidade.

Quando nos deixamos levar por essas narrativas ideais, esperamos que o parceiro preencha todas as nossas expectativas, supere todas as eventuais dificuldades como num passe de mágica e nos proporcione uma felicidade completa e contínua. No entanto, a vida real é repleta de desafios e imperfeições, é inevitável que o casamento também os enfrente. É importante reconhecer que o casamento não é uma narrativa perfeita, mas uma jornada compartilhada, com altos e baixos.

Cultivar um relacionamento saudável requer aceitar a realidade, enfrentar os desafios juntos e buscar a felicidade com os pés no chão.

Quando os cônjuges se prendem a um eixo narrativo impossível, colocam a busca pela autorrealização acima de tudo. O foco excessivo nas próprias necessidades pode levar à falta de consideração pelos sentimentos e necessidades do outro, e criar um ambiente de descontentamento em que o cônjuge se torna apenas mais uma peça no quebra-cabeças da vida. A insatisfação só tende a aumentar à medida que as expectativas não são atendidas. Assim, o casal pode chegar a uma situação de constante desapontamento.

Essa busca pelo próprio prazer e por idealizações egoístas está intimamente ligada à falta de maturidade. Muitos casais entram no casamento sem um preparo adequado para enfrentar os desafios que surgirão ao longo do tempo.

> A força dos sonhos e ideais não traz consigo um conhecimento experimental suficiente para discernir se existe realmente capacidade

> para a realização desses sonhos e ideais: falta um aprendizado que permita a concatenação eficiente entre causas e efeitos [...] o sentido da medida, da gradação, da ponderação, do justo meio entre dois extremos, características tão próprias de uma pessoa madura.[6]

O resultado é um ambiente propício para o crescimento das tensões e o agravamento das crises conjugais. No próximo tópico, exploraremos em mais detalhes esse tema.

IMATURIDADE

O casamento foi feito para pessoas maduras, capazes de lidar com as responsabilidades e desafios que essa união envolve. No entanto, é comum que algumas pessoas entrem no casamento ainda imaturas, sem estarem plenamente preparadas para enfrentar as demandas e as complexidades

---

6 Rafael Llano Cifuentes, *A maturidade*, p. 19–20.

do relacionamento conjugal. E não falamos necessariamente de idade. Há jovens que possuem uma profunda compreensão das responsabilidades e compromissos que o casamento exige, enquanto pessoas mais velhas e com mais experiência de vida estão ainda presas em comportamentos infantis.

A maturidade não chega com a mera passagem dos anos. Ela está intrinsecamente ligada à capacidade de assumir a responsabilidade pelas nossas escolhas e ações, de controlar os impulsos em prol de um bem maior, de aprender com os erros, de aceitar radicalmente a realidade e, ao mesmo tempo, de comprometer-se com as mudanças necessárias:

> A imaturidade deve-se, em primeiro lugar, a uma espécie de paralisação, de "fixação" numa determinada época da vida — infância, adolescência, primeira juventude... — que retarda o desenvolvimento normal da personalidade.

> Um adulto acriançado que se encontre, por exemplo, na faixa dos trinta anos, continuará a procurar a solução dos seus problemas de adulto por meio de recursos infantis; ou seja, procurará, com um procedimento pueril, infantilizado, resolver conflitos que só podem ser superados de maneira adulta.[7]

Poderíamos citar inúmeros exemplos concretos, e tenho certeza de que você consegue vislumbrá-los: irresponsabilidade com as finanças, acumulando dívidas ou gastando de forma irresponsável, sem considerar o impacto que isso pode ter no casamento e na estabilidade financeira do casal; falta de habilidades emocionais essenciais, como a capacidade de expressar emoções de forma saudável ou até mesmo de reconhecer suas próprias necessidades e limites; falta de compromisso com as responsabilidades compartilhadas; incapacidade de

---

7 Ibid, p. 5–6.

lidar com conflitos de maneira construtiva, caindo em comportamentos defensivos ou até mesmo em jogos de poder em que se busca manipular e controlar o outro.

Outra forma de imaturidade é o comodismo e a falta de ambição pessoal. Pessoas imaturas tendem a permanecer em suas zonas de conforto, a evitar desafios e a não buscar o crescimento pessoal. Isso se reflete na falta de ambição em relação à carreira, à educação e ao desenvolvimento pessoal. A ausência de metas mais altas e a falta de esforço para alcançá-las pode levar a uma estagnação no relacionamento, onde a falta de motivação e inspiração afeta negativamente a vida a dois. Assim, "as coisas boas vão se desbotando como uma velha fotografia".[8]

---

8 Pe. Francisco Faus, 2020. Disponível em: https://padrefaus.org/2020/03/26/familia-sombras-no-lar/#_ftn1. Acesso em: 18 jul. 2023.

Um outro exemplo é a incapacidade de lidar adequadamente com as nossas próprias emoções ou de compreender e atender às necessidades emocionais do outro de forma sincera e construtiva, caindo, ao contrário, em comportamentos impulsivos, explosões de raiva ou retraimento emocional. Nas pessoas imaturas, os impulsos superficiais e intermitentes das paixões ou instintos, junto das circunstâncias ambientais ou dos estados de ânimo, têm uma força tremenda, porque "o seu comportamento não se pauta pelas decisões interiores, mas pelas borboleteantes circunstâncias exteriores. [...] Vivem de altos e baixos. Estão submetidas à tirania do gosto e do capricho e orientam-se na direção do vento que sopra mais forte".[9]

É importante ressaltar que, aqui, não se trata apenas de considerar exteriormente cada um desses exemplos, muito menos de focar só nas

9 Rafael Llano Cifuentes, op. cit., p. 34.

falhas e deficiências do outro, mas de examinar principalmente a nós mesmos, com uma disposição sincera de olhar para dentro e de enfrentar, em primeiro lugar, as nossas próprias limitações. A imaturidade também pode se manifestar de diferentes maneiras no casamento por meio da resistência em encarar nossos próprios defeitos, ao assumir uma posição defensiva, justificar constantemente nossas ações egoístas ou minimizar os nossos próprios erros.

Essa atitude muitas vezes se esconde por trás da

postura vitimista

de culpar o outro pelas dificuldades que aparecem: em vez de assumir a responsabilidade de maneira adequada, atribuímos as falhas e frustrações do relacionamento exclusivamente ao parceiro. São as pequenas agressões, que vão minando o amor quase sem percebermos. Essa atitude não

apenas perpetua o problema conjugal, mas também impede o nosso crescimento pessoal. Para promover um ambiente saudável de aprendizado e crescimento mútuo, é necessário um olhar honesto e autocrítico para reconhecer as próprias falhas e assumir a responsabilidade por elas.

"Convençamo-nos de que não é só com a agressão, a ofensa, a irritação, a crítica e a prepotência que se criam conflitos familiares. Muitos, muitíssimos deles, são fruto da hipertrofia do comodismo egoísta".[10] A imaturidade está intrinsecamente ligada ao egoísmo, à tendência a colocar nossas próprias necessidades e desejos acima dos outros, de priorizar o próprio prazer e conforto em detrimento do bem-estar do relacionamento. No próximo tópico, aprofundaremos a discussão sobre o egoísmo no casamento, explorando suas dife-

---

10 Pe. Francisco Faus, *A paz na família*, 1997. Disponível em: https://padrefaus.org/wp-content/uploads/2017/11/apaznafamilia.pdf. Acesso em: 18 jul. 2023.

rentes manifestações e os impactos negativos que pode ter na vida a dois.

EGOÍSMO

No casamento, muitas vezes nos deparamos com a triste realidade de dois egoístas que se encontram e buscam viver seu egoísmo a dois. Cada um prioriza suas próprias necessidades e desejos, preocupando-se apenas com a satisfação individual na cômoda companhia do outro, conciliando "o que consideram as vantagens da vida conjugal com os atrativos da vida social a que estavam acostumados".[11]

Essa dinâmica egoísta, voltada ao prazer ao invés do compromisso, pode levar a uma série de problemas e conflitos no relacionamento.

---

11 Cormac Burke, op. cit., 2017, p. 37.

Como afirma Burke, "passar bons momentos juntos"[12] não é um fundamento sólido o suficiente para sustentar uma união por toda a vida.

Essa dinâmica, muitas vezes, é consequência da forma objetificada como os cônjuges enxergam um ao outro. Nessa triste união, ambos são, reciprocamente, objetos utilitários, um meio de prazer. Cada um está interessado, no fundo, apenas em obter a própria satisfação enquanto puder. Dessa forma, pode-se mesmo chegar ao ponto de ver o outro como um mero instrumento para a manutenção do conforto material ou a realização dos desejos sexuais. Esse tipo de relação é permeado por uma espécie de contabilidade extremamente nociva, onde os "ganhos" de cada um são constantemente comparados e medidos: "Os egoístas assemelham-se ao mata-borrão:[13] só sabem absorver, dos outros,

---

12 Ibid.

13 Um tipo de papel capaz de absorver com facilidade o excesso de substâncias líquidas da superfície do papel ou de

o que favorece aos seus interesses, o que lhes traz vantagens ou lhes causa agrado. Acontece, porém, que essa absorção egoísta, em vez de enriquecê-los, os destrói. O mata-borrão ensopado fica inservível, desmancha-se todo, e o seu destino final é a lata do lixo".[14]

O egoísmo no casamento também pode se manifestar na fuga dos problemas, que tantas vezes, como vimos na introdução deste livro, pode fazer com que o divórcio pareça uma solução fácil. Algumas pessoas optam por se refugiar no trabalho, nas atividades individuais ou em seus próprios mundos particulares em vez de enfrentarem as dificuldades que surgem no relacionamento. Evitam lidar com os conflitos, evadem-se das responsabilidades

---

outros objetos, muito útil para quem escreve com caneta tinteiro.

14 Pe. Francisco Faus, *O homem bom*, 1990. Disponível em: https://padrefaus.org/wp-content/uploads/2017/11/ohomem-bom.pdf. Acesso em: 18 jul. 2023.

e buscam uma sensação de conforto e realização pessoal fora do relacionamento:

> É próprio do egoísmo ver o próximo com uma ponta de reserva: o "outro" é, para o egoísta, um possível "inimigo" de que tem que defender-se ou, pelo menos, precaver-se. O egoísta tem o coração inteiramente ocupado pelo "eu", denso e pesado como o chumbo. Admitir "outros" dentro de si significa ter de aceitar uma sobrecarga. Daí que esteja sempre com receio de que lhe perturbem os esquemas, de que lhe roubem o tempo, de que lhe tirem a tranquilidade, de que lhe exijam renúncias; e sofre por ter que aturar defeitos aborrecidos e limitações cansativas.[15]

Outro tipo de egoísmo que frequentemente surge no casamento é o relacionado ao consumismo. Algumas pessoas desenvolvem uma verdadeira compulsão em gastar, colocando suas próprias

15 Ibid.

vontades, caprichos e luxos acima das necessidades financeiras e do bem-estar do casal. Elas podem se deixar levar pela propaganda e pela pressão social, buscando constantemente adquirir bens materiais e experiências luxuosas, sem considerar as consequências práticas e emocionais. “Diante dos balcões do supermercado ou das vitrines do *shopping* [...] uma luz cintilante lhe sobe aos olhos: quase tudo o que está ali fica sendo, subitamente, ‘necessário’, ou ‘muito útil’, ou ‘uma ocasião que não se pode perder’”.[16] Essa busca desenfreada por satisfazer seus próprios desejos materiais pode gerar endividamento e desequilíbrio financeiro no casamento, que é uma das maiores causas das brigas familiares que muitas vezes estão no centro das crises conjugais.

Outra manifestação é o desleixo.

---

16 Pe. Francisco Faus, op. cit., 1997.

> ***Negligenciando o outro, um cônjuge pode acabar por negligenciar a si mesmo,***

sua saúde física ou mental, porque falta a motivação do amor, que impulsiona a luta pelo aprimoramento pessoal. Vence, mais uma vez, o conforto e o comodismo, que levam a desprezar uma alimentação saudável, exercícios físicos, cuidados com a aparência, momentos apropriados de descanso etc. Da mesma forma, o egoísmo também se revela no desleixo com o ambiente do lar, com a limpeza, com a organização, com o respeito pela ordem material e pelas coisas do outro.

Essa falta de cuidado consigo mesmo e com o espaço compartilhado pela família afeta o bem-estar e a atmosfera da relação. Se conscientemente desleixamos da nossa saúde, podemos nos tornar uma fonte constante de preocupação e estresse para o

outro. Quando deixamos as roupas espalhadas pela casa, não contribuímos com as tarefas domésticas ou não respeitamos os pertences e espaços do outro, acabamos colaborando para um ambiente de irritação e ressentimento que vai minando a harmonia e a tranquilidade no lar. Também é preciso termos cautela com o "direito de descansar", que pode muitas vezes nos servir de desculpa para colocarmos nossas próprias necessidades de repouso e lazer acima das responsabilidades. "É muito cômodo, por exemplo, regressar a casa após um dia de trabalho com a consciência de que 'agora chegou a hora merecida de descansar'".[17] Todos precisamos do justo descanso, mas o cansaço não pode ser uma desculpa para evitar nossa participação ativa na criação dos filhos, no cuidado com a casa ou em outras obrigações do casamento.

17 Ibid.

É importante lembrar, por fim, que o egoísmo pode se camuflar sutilmente sob o disfarce do amor. É como se usássemos uma capa para esconder nossas verdadeiras intenções. Por exemplo, um cônjuge pode justificar suas constantes chegadas tardias do trabalho alegando que está buscando o sustento da família, quando, no fundo, está privilegiando o trabalho como fonte de satisfação em detrimento da vida familiar. Da mesma forma, um cônjuge pode comprar um carro ou uma casa alegando que é para a família, quando, na realidade, foi para satisfazer seus próprios desejos pessoais ou para ostentar socialmente sua conquista. Um cônjuge pode argumentar que determinada escola é a melhor opção para os filhos, destacando a qualidade do ensino, quando, na verdade, sua verdadeira motivação é se livrar da responsabilidade de ficar com eles em casa.

Reconhecer nossas próprias tendências egoístas e estar dispostos a mudar é fundamental para

cultivarmos uma relação saudável e harmoniosa. Como diz um sábio sacerdote,

> [...] com relação ao casamento, só existem duas possibilidades: amar o cônjuge e ir crescendo no amor por ele até chegar ao desprendimento mais absoluto de si mesmo (sem se anular) ou amar a si mesmo e ir crescendo nesse amor até chegar ao desprezo mais absoluto pelo cônjuge [...] o egoísmo e o amor estão dentro de nós travando uma batalha contínua, e um dos dois vai vencer.[18]

Isso requer nosso comprometimento sincero em colocar as necessidades do outro em primeiro lugar, praticar a empatia e desenvolver a habilidade de sacrificar nossos próprios interesses em prol do bem maior do relacionamento.

---

18 Pe. Paulo Monteiro Ramalho, 2020. Disponível em: https://www.fecomvirtudes.com.br/egoismo-no-casamento/. Acesso em: 18 jul. 2023.

É possível construir um casamento mais saudável e pleno quando estamos dispostos a olhar para além de nós mesmos

e nos comprometer com o bem-estar mútuo. Para isso, é fundamental que vençamos a maior entre todas as tentações: o orgulho.

ORGULHO

O orgulho é sem dúvida um dos maiores inimigos da vida conjugal. Esse vício capital é como um veneno silencioso, que vai aos poucos tomando conta do nosso organismo. Para quem é cristão, além disso, o orgulho precede a ruína.[19] Ele se caracteriza pela supervalorização do nosso *eu*, pelo desejo excessivo de se sobressair, ser valorizado e

---

19 "A soberba precede a ruína, a altivez do espírito precede a queda" (Pr 16, 18).

nunca se sentir inferiorizado.[20] Todos nós temos orgulho em algum grau, mas o orgulhoso se recusa a reconhecer esse defeito, pois implica admitir uma falha ou uma fraqueza em si mesmo. É o orgulho, portanto, que muitas vezes nos impede de assumir a responsabilidade pelos nossos defeitos e culpas, de viver a sinceridade e a honestidade com os outros e conosco mesmos, de ceder, de voltar atrás ou pedir perdão. É no altar do orgulho que muitas vezes sacrificamos os nossos relacionamentos.

Por isso, precisamos estar sempre vigilantes em relação ao nosso orgulho. Por um lado, lutando para construir uma imagem de nós mesmos que seja, em primeiro lugar, realista, que inclua os nossos defeitos e limitações; por outro, devemos ficar atentos às manifestações perniciosas do orgulho em relação aos outros. Assim como fiz antes, listarei algumas atitudes típicas, sem nenhuma intenção

---

20 Pe. Francisco Faus, op. cit., 1997.

de esgotar o tema do orgulho — que perpassa todo o tema "da discórdia, da mágoa, da raiva, da inveja, da incompreensão..., em suma, da

falta de caridade".[21]

Uma das manifestações do orgulho é o espírito crítico. Pessoas orgulhosas estão sempre prontas para apontar os erros e falhas do outro, sem reconhecer suas próprias imperfeições. Essa postura intolerante e desdenhosa cria um clima de tensão e ressentimento no relacionamento. Por exemplo, imagine um casal em que um dos parceiros constantemente critica o outro por suas escolhas profissionais, diminuindo sua autoestima e minando a confiança mútua, ou quando um dos dois decide interferir nas escolhas e decisões do outro, sem considerar a necessidade de respeitar

21 Pe. Francisco Faus, 2013. Disponível em: https://padrefaus.org/2013/08/25/um-veneno-orgulho/. Acesso em: 18 jul. 2023.

sua autonomia e individualidade. Aqui entram também o falar demais e escutar de menos, os juízos temerários, e tudo o que envolve ter-se em mais alta conta do que o razoável.

O orgulho também pode se manifestar na preocupação constante com a nossa imagem, que muitas vezes resulta em grosserias e desrespeito pelo outro. Se nos sentimos superiores, podemos ir ganhando a tendência de menosprezar o outro para que esse sentimento seja constantemente reafirmado. Aqui, entra também o comportamento passivo-agressivo, que abusa da ironia, do sarcasmo e das pequenas humilhações, inclusive em público. Comentários maldosos disfarçados de piadas, que causam desconforto e constrangimento, bem como menosprezo das opiniões e dos sentimentos do outro, ignorando suas contribuições e desvalorizando suas perspectivas, também são frutos do orgulho.

Algo aparentemente contraditório, mas na mesma linha, é o impulso de se colocar para baixo

para receber elogios. O orgulhoso busca constantemente a reafirmação e validação dos outros e pode chegar até mesmo a se rebaixar, se considerar que com isso ganhará elogios e reconhecimento. Ao mesmo tempo, o orgulho faz com que fiquemos presos em constantes comparações, caindo muitas vezes na inveja, tanto em relação às pessoas mais distantes, quanto até mesmo em relação ao próprio cônjuge. Quando um dos dois recebe elogios ou é valorizado, a parte orgulhosa pode se ressentir e agir de forma competitiva, buscando constantemente superar o outro para manter sua própria autoestima elevada. Por exemplo, se o cônjuge recebe reconhecimento por uma conquista profissional, o orgulhoso pode ficar incomodado e buscar formas de se destacar ainda mais, gerando uma dinâmica de rivalidade.

Outra forma de orgulho é a mania de fiscalizar e desconfiar do cônjuge. O orgulhoso acredita que

sempre há algo a ser descoberto e suspeita das intenções do outro, criando um clima de desconfiança e insegurança. Aqui podemos pensar na pessoa que constantemente verifica o celular do outro em busca de mensagens suspeitas ou monitora suas atividades sem justificativa plausível. O ciúme é fruto do orgulho e do egoísmo. Uma pessoa orgulhosa vê o parceiro como uma posse e teme perdê-lo para alguém considerado mais atraente ou bem-sucedido. Esse ciúme, muitas vezes disfarçado de querer o "bem" do outro, sufoca o amor, que só é possível na liberdade.

É outra característica do orgulhoso a necessidade de sempre ter razão, de dizer a última palavra nas discussões, bem como a teimosia em excesso, que alimentam conflitos intermináveis e criam um ambiente de confronto constante. O orgulho pode nos fazer tão obstinados em provar o nosso ponto de vista que chegamos mesmo a esquecer

o motivo pelo qual uma briga começou. Assim, o orgulhoso fecha-se em sua própria perspectiva, negando-se a considerar outras possibilidades ou encontrar um meio-termo que beneficie o casal. A comunicação eficiente e empática deixa de ser possível, e a busca por soluções construtivas torna-se uma disputa infernal.

Mas o "golpe final" do orgulho está mesmo na cegueira em reconhecer e admitir os próprios erros. A pessoa orgulhosa tem uma aversão a aceitar que pode estar errada ou ter falhado, e

resiste a qualquer forma de autocrítica.

Essa postura compromete enormemente tanto a convivência e a harmonia entre os cônjuges quanto uma eventual reconciliação, quando necessária. Com isso, o orgulho rompe nossos laços com o mundo e nos mantém fechados no círculo

da adoração e do culto ao nosso *eu*:[22] "primeiro *eu*, depois *eu* e sempre *eu*".[23]

Ao longo deste tópico, mergulhamos no tema do orgulho e suas manifestações nocivas no casamento. Identificamos como o orgulho pode ser um dos maiores inimigos da vida conjugal, levando-nos a supervalorizar nosso eu, desvalorizar o outro, criar um clima de crítica e desrespeito, alimentar comparações e ciúmes, buscar constantemente ter razão e resistir em admitir os próprios erros. Reconhecemos que o orgulho pode comprometer seriamente a harmonia e a felicidade do relacionamento, impedindo-nos de alcançar a verdadeira união e o amor autêntico.

Refletindo sobre tantas razões pelas quais os casamentos entram em crise, fica clara a importância de estarmos atentos ao nosso próprio comportamento e aos pequenos detalhes do dia a dia.

---

22 Ibid.

23 Pe. Francisco Faus, op. cit., 1997.

No próximo capítulo, vamos sugerir algumas estratégias e abordagens para lidar com as crises conjugais, destacando a importância de estarmos preparados para enfrentar os desafios (que virão) a fim de construir um relacionamento duradouro e feliz. Em primeiro lugar, precisamos aprender a identificar quando as coisas não estão indo bem.

CAPÍTULO

3

CINCO SINAIS DE ALERTA

É por meio da prevenção e da ação precoce diante das más atitudes que podemos fortalecer nosso relacionamento e preservar o amor e a união do casal.

Uma crise conjugal não começa da noite para o dia, e a melhor forma de lidar com ela é percebê-la ainda no início.

Para isso, é essencial estarmos atentos aos sinais de alerta que podem indicar problemas em nosso casamento e a necessidade de ação imediata. Neste

tópico, exploraremos cinco dessas “bandeiras amarelas” que podem surgir em um casamento em crise, e daremos alguma luz sobre suas causas, além de sugestões sobre como encará-las. Reconhecer esses sinais não deve ser um motivo de desânimo, mas uma oportunidade para que atitudes eficazes sejam tomadas a tempo, a fim de evitar que os problemas se agravem.

Silêncio constante

O primeiro sinal de alerta é o silêncio. Aqui, não se trata do silêncio natural das pessoas mais introspectivas, mas de quando o casal evita a comunicação significativa. Por exemplo, quando se evita qual-

quer conversa depois de um desentendimento, ou quando um dos cônjuges, contrariado, busca o isolamento. Um sinal ainda mais claro é quando em casa reina o silêncio, mas fora dela, com amigos e mesmo desconhecidos, a comunicação flui, às vezes até demais. Se houver um silêncio constante, não característico do cônjuge, sem razão aparente, desconfie. A falta de comunicação cria um distanciamento entre o casal, leva à solidão e ao ressentimento. Para lidar com este problema é fundamental cultivar um ambiente de diálogo aberto e respeitoso, onde ambos se sintam seguros para expressar seus pensamentos, sentimentos e preocupações. Encontrar momentos para iniciar conversas significativas e praticar a escuta ativa são estratégias importantes para romper o silêncio e fortalecer a comunicação.

Excesso de brigas ou total ausência delas

O segundo sinal de alerta são as brigas. Tanto o casal que evita qualquer tipo de discussão ou conflito, quanto o que briga frequente e intensamente por questões triviais devem ficar atentos a esse sinal. Por um lado, é natural da convivência que ocorram atritos e divergências, por isso, não brigar pode ser um indício de que o casal simplesmente não convive ou não compartilha suas vidas o suficiente. Por outro lado, brigas constantes podem gerar um desgaste emocional nos cônjuges. No calor do momento, quando os dois estão à flor da pele, a tendência é que tudo seja feito e falado sem pensar, o que pode resultar em ressentimentos ou arrependimentos profundos. Talvez o indicador mais claro de que as brigas são um sinal de alerta é quando não há o reconhecimento de que algum limite foi ultrapassado; quando não há nenhum pedido de desculpas ou tentativa de reconciliação,

nem que seja um pequeno gesto de delicadeza, sobretudo em casos em que se fez acusações graves ou xingamentos. É essencial identificar como nós às vezes passamos da conta, principalmente nos momentos críticos, a fim de evitarmos os excessos e buscarmos maneiras saudáveis de resolver conflitos. Isso inclui a prática da empatia e da negociação, e aprender a buscar soluções que sejam mutuamente satisfatórias.

Mudança de comportamento

Uma mudança repentina de comportamento também pode ser um sinal de alerta. Se um dos cônjuges apresenta uma mudança significativa de comportamento, como alterações de humor frequentes, isolamento social ou falta de interesse em atividades que antes eram compartilhadas, pode ser um indício de que algo está errado. Isso vale tanto para mudanças negativas quanto positivas. Por exemplo, quando um cônjuge geral-

mente muito calmo passa a ter explosões de raiva inexplicáveis, ou quando se observam tentativas forçadas de agradar demais o outro. Essas mudanças, principalmente as positivas, podem ser sinceras e genuínas, mas também podem ser um sinal de alerta, especialmente quando forem repentinas e não tiverem motivos aparentes ou razoáveis. Esse sinal é um dos mais complexos e sutis, por isso é importante encarar essas mudanças com sensibilidade, discrição e respeito, evitar fechar-se nos próprios pensamentos, querer descobrir tudo sozinho e, sobretudo, fazer um juízo precoce. A comunicação mais uma vez é fundamental:

é só oferecendo apoio e incentivo para que o outro se abra e compartilhe o que sente que se pode descobrir o que realmente está acontecendo.

Ausência de toque

A ausência de toque, embora também possa ser uma mudança de comportamento, é um sinal de alerta que vale ser tratado à parte, pois a intimidade física é uma dimensão muito importante do casamento. A diminuição do contato físico, como abraços, beijos, carinhos e relação sexual, pode levar a uma sensação de frieza e distanciamento no casal, ou ser um sinal concreto de que isso já está acontecendo por outras razões. Um cônjuge que raramente demonstra afeto pelo outro fisicamente — limitando-se, por exemplo, a cumprimentos formais e gestos superficiais de carinho — pode estar dando sinais de que uma distância emocional já está instalada. É claro, aqui como nos demais sinais, deve-se avaliar a situação de acordo com os costumes e padrões individuais e culturais, e também as peculiaridades de cada casal. Também não estamos nos referindo aos gestos públicos de

afeto, mas sim à vida íntima do casal. Na intimidade, o contato físico é uma forma poderosa de comunicar o amor e fortalecer a conexão entre os cônjuges. É essencial abrir espaço para isso, reservar tempo para se conectar e redescobrir a importância dos pequenos gestos de carinho e afeto, que são expressões concretas do amor e podem fazer uma grande diferença na reconstrução da vida a dois.

Falta de projetos em comum

A falta de projetos compartilhados também é um sinal de alerta para um casamento em crise. Quando o casal deixa de ter metas e projetos em comum, perde-se a sensação de propósito e direção no relacionamento. Isso é especialmente importante, como dissemos no primeiro capítulo, para os casais que não têm filhos. A falta de planos para o futuro ou projetos em conjunto pode levar ao tédio, à monotonia e à sensação de estagnação. Numa briga mais séria, daquelas que o casal precisa

se recuperar antes de retomar a conversa, a falta de projetos em comum pode deixar a pergunta “Por que estou com essa pessoa?” sem resposta. É essencial revitalizar o relacionamento estabelecendo metas compartilhadas e planejando atividades conjuntas. Isso permite que os cônjuges cresçam e se desenvolvam como casal, fortalecendo a conexão e o compromisso mútuo. Seja planejar uma viagem, iniciar um novo *hobby* ou definir metas financeiras, ter projetos em comum ou em família ajuda a criar uma base sólida para o futuro.

Os cinco sinais de alerta abordados neste tópico são apenas alguns exemplos dos muitos indicadores de uma crise conjugal. No entanto, são um ponto de partida valioso para a reflexão e a ação. Ao reconhecer esses indicadores precisamos nos dispor a enfrentá-los, e assim será possível dar os primeiros passos para salvar um casamento em crise. É importante lembrar que esses e outros sinais não

devem ser negligenciados ou minimizados, pois podem se acumular e aumentar cada vez mais o distanciamento entre os cônjuges — até levar ao fim do relacionamento.

O mais importante é agir, não esperar que as coisas se resolvam sozinhas.

Ao encarar os problemas de frente, buscar soluções e trabalhar em conjunto, o casal tem a chance de reconstruir a confiança, reacender o amor e fortalecer o vínculo emocional e o compromisso que assumiram um com o outro, transformando a crise numa verdadeira oportunidade.

A CRISE COMO OPORTUNIDADE

Como já dissemos, as crises podem acontecer em qualquer relação conjugal, mesmo as mais estáveis e positivas. Embora seja comum associar a crise

a um momento de fracasso ou desesperança, é importante mudar essa perspectiva e enxergar a crise de uma maneira renovada:

> Toda crise pode ser uma crise de crescimento (como a da adolescência), ou uma crise terminal (como a do paciente desenganado). O mal consiste em que quase todos encaram como terminais crises que [...] deveriam ser de crescimento. Deveriam ser uma fase decisiva da vida, em que aprendemos a despojar-nos da imaturidade, de egoísmos banais, de frivolidade; e vamos trocando esse entulho por virtudes que não tínhamos e agora podemos adquirir: desprendimento, humildade, fortaleza, prudência, doação...[1]

---

1 Pe. Francisco Faus, 2015. Disponível em: https://padrefaus.org/2015/09/09/10-a-alegria-e-a-fidelidade/. Acesso em: 18 jul. 2023.

Assim como outras tantas crises que fazem parte da vida, as crises conjugais, em si mesmas, "não são nem boas nem más. O seu valor e sentido dependem da atitude que se adota diante delas".[2]

Enrique Rojas, em seu livro *O amor: a grande oportunidade*, explica como a própria palavra *crisis* significa travessia, crescimento, situação de mudança à vista.

> Por isso, é preciso saber olhar para as crises conjugais de forma positiva, uma vez que "não existe vida sem crise e, se bem tomada e interpretada, [a crise conjugal] pode e deve conduzir à possibilidade de ascender na qualidade do amor [...]. Toda crise de casal é dolorosa, mas, se ambos fazem sua parte, é admirável ver como se volta ao caminho adequado.[3]

---

2 Pe. Francisco Faus, *O valor das dificuldades*, 1989. Disponível em: https://padrefaus.org/wp-content/uploads/2017/11/ovalordasdificuldades.pdf. Acesso em: 18 jul. 2023.
3 Enrique Rojas, op. cit., 2011, p. 71.

Se soubermos enfrentá-la bem, a crise no casamento pode não somente dar bons frutos, mas tornar-se uma grande oportunidade que nos levará a reformular as coisas, "para que os dois cedam, negociem, aceitem seus erros e olhem de novo para a frente".[4]

Durante uma crise conjugal, muitos aspectos do relacionamento são colocados em xeque. No entanto, como vimos no capítulo anterior, toda mudança deve começar com um exame de si mesmo. Uma crise conjugal pode ser um chamado para a reflexão individual. Às vezes, mais que uma crise *conjugal*, no sentido estrito, também podem acontecer crises *pessoais* que afetam o cônjuge. Podemos encarar qualquer crise como um convite para explorar partes mais profundas de nós mesmos, enfrentar nossos medos e inseguranças, e confrontar os aspectos menos amadurecidos da

---

4 Ibid.

nossa personalidade. Nesse contexto, cada um deve examinar sua própria contribuição para a situação e estar disposto a reconhecer seus erros e falhas. É um momento de avaliação sincera, que visa ao crescimento pessoal e ao amadurecimento emocional.

Além disso, o momento de crise é um convite e uma oportunidade única para o diálogo aberto e honesto. O momento em que a comunicação falha e a falta de intimidade e o distanciamento emocional se tornam evidentes, pode ser a ocasião para buscar expressar, de forma respeitosa, as nossas necessidades e desejos, compartilhar preocupações e ouvir atentamente o ponto de vista do outro. Como afirma o Pe. Francisco Faus:

> Um excelente ato de respeito é saber escutar, sem menosprezar a pessoa que fala. A *Imitação de Cristo* diz: "Não queiras confiar demais na tua opinião [...]. Sempre ouvi dizer que é mais

> seguro ouvir e receber conselho do que dá-lo […]. É sinal de orgulho e teimosia não querer concordar com os outros quando a ocasião e a razão o pedem". A virtude da prudência — muito ligada à razão e à reflexão — é a que nos indicará quando convém calar e escutar, e quando falar.[5]

Muitas vezes, ao longo desse processo, descobriremos que o pior não está necessariamente nos grandes desafios ou nos dias difíceis, mas sim na falta de uma base sólida e consistente, um alicerce de amor, confiança e comprometimento que dê o devido suporte ao relacionamento. Como um barco "que percorre mares bravios, [para quem] o pior não são as grandes tempestades (que virão), nem os dias cinzentos e sem visibilidade (que chegarão) [...]. O pior é não ter uma embarcação

5 Pe. Francisco Faus, 2020. Disponível em: https://padrefaus.org/2020/03/30/familia-luzes-no-lar/. Acesso em: 18 jul. 2023.

sólida, forte, consistente".[6] É a partir disso que poderemos abandonar as antigas razões, reavaliar nossas prioridades, aprender com as dificuldades e reestruturar nosso relacionamento de forma a reconstruí-lo sobre a rocha firme, que permanecerá de pé diante de qualquer tempestade.

Durante uma crise conjugal, redefinir as expectativas e renovar os compromissos é fundamental para fortalecer os laços afetivos. Ao revisitar os compromissos estabelecidos no início do relacionamento, os cônjuges têm a oportunidade de reafirmar seu comprometimento mútuo, adaptando-o às mudanças e desafios enfrentados, e encontrando novas motivações. Por outro lado, durante o curso do relacionamento, é natural que também as expectativas em relação ao parceiro e à relação em si evoluam. A crise é o momento propício para que o casal reflita sobre suas ex-

---

6 Enrique Rojas, op. cit., 2011, p. 80.

pectativas individuais e conjuntas, identificando aquelas que são realistas e saudáveis, e aquelas que talvez sejam irreais ou excessivamente exigentes. É preciso fazer uma avaliação sincera do que é essencial e prioritário para cada um, e buscar juntos uma compreensão serena das nossas limitações e imperfeições e das do nosso cônjuge.

O momento de crise também é um convite para renovar a intimidade, promover momentos de conexão emocional, carinho, toque afetuoso e intimidade sexual. Isso envolve uma comunicação aberta e vulnerável, em que os cônjuges se sintam seguros para compartilhar seus sentimentos, receios e desejos, reacendendo a paixão por meio da apreciação e afeto mútuos. Assim, com a disposição de enfrentar os desafios e comprometer-se com o trabalho necessário, é possível superar essa fase turbulenta, fortalecer os laços afetivos e construir um relacionamento mais sólido e gratificante.

Neste momento, vale trazer à tona duas atitudes que desempenham um papel fundamental na transformação da crise em oportunidade:

a generosidade e a gratidão.

A generosidade nos impulsiona a sermos mais pacientes, empáticos e dispostos a acolher, negociar e perdoar. Ser generoso envolve colocar o bem-estar do relacionamento acima do nosso orgulho e egoísmo, reconhecendo que a renovação do amor e da intimidade é um trabalho conjunto. A gratidão nos permite enxergar para além das dificuldades momentâneas e reconhecer as razões pelas quais escolhemos estar juntos. Ela nos ajuda a enxergar e valorizar as qualidades, os esforços e as contribuições do cônjuge, e nos encoraja a expressar apreciação e reconhecimento pelo que o outro significa em nossa vida.

Com isso, somos capazes de encarar também as nossas diferenças de forma positiva ao invés de enxergá-las apenas como obstáculos, o que abre todo um novo campo do amor.

DIFERENÇA DE TEMPERAMENTOS: COMO USÁ-LA A NOSSO FAVOR

As diferenças de temperamento entre os cônjuges podem ser uma fonte de atrito no casamento, e muitas vezes são a fonte de crises e conflitos. O temperamento é como uma "estrutura de base" da nossa personalidade, que influencia nossos pensamentos, ideias, impressões e a maneira como tendemos a agir e a reagir ao nosso ambiente e às outras pessoas. A compreensão dos temperamentos pode ajudar a explicar algumas das diferenças entre os cônjuges e oferecer luzes sobre como lidar com essas diferenças de forma positiva e construtiva. É importante compreender a origem de nossas características distintivas para aceitarmos plenamente

essas diferenças e podermos nos concentrar mais nas qualidades que admiramos no outro ao invés de nos defeitos que tornam a convivência mais difícil.

Por exemplo, um cônjuge sanguíneo, caracterizado pela extroversão, entusiasmo e sociabilidade, tende a encarar a vida de forma mais descontraída e espontânea. Enquanto isso, um cônjuge melancólico, mais introvertido e detalhista, tende a ser mais cauteloso e analítico. Essas diferenças podem causar conflitos se não forem compreendidas e apreciadas. No entanto, quando ambos os cônjuges reconhecem e valorizam as características temperamentais do outro, podem construir uma complementariedade que enriquece o relacionamento. O cônjuge sanguíneo pode contribuir com sua energia, enquanto o cônjuge melancólico pode contribuir com sua atenção aos detalhes, cuidado e organização.

É importante lembrar que nem todas as diferenças de temperamento levarão a conflitos diretos.

No entanto, quando surgem divergências de ponto de vista, os cônjuges têm uma escolha a fazer. Eles podem ficar revoltados ou deprimidos com as diferenças, ou podem reconhecer e apreciar a justificada e curiosa diferença entre eles, buscando resolver a situação respeitando a integridade do outro. Para lidar com as diferenças de temperamento, portanto, são fundamentais a compreensão, apreciação e respeito mútuo. Ao invés de ver as diferenças como sinais de inferioridade, é importante reconhecê-las como variações que enriquecem a vida do casal. Isso permite que cada cônjuge valorize e complemente o outro, construindo uma base sólida para um casamento duradouro.

Comunicar essa apreciação fortalece o vínculo e aprofunda a conexão entre os cônjuges.

Reconhecer que todos têm suas próprias deficiências e aprender a passar por cima

das falhas dos outros é essencial para manter a paz e nutrir o amor no casamento.

Um casamento onde os cônjuges têm temperamentos muito diferentes em geral exige mais comunicação e paciência. É importante estabelecer um ambiente de diálogo aberto, onde ambos possam expressar suas opiniões e emoções sem julgamentos precipitados. A empatia desempenha um papel fundamental, permitindo que cada cônjuge se coloque no lugar do outro e compreenda suas perspectivas únicas.

Além disso, é imprescindível reconhecer que, além do temperamento, cada indivíduo também é moldado pela sua criação, experiências de vida e caráter, que formam o todo de sua personalidade. A compreensão e a apreciação mútua não garantem que não haverá desafios ou momentos de atrito no casamento. No entanto, ao adotar uma perspectiva

de aceitação ao invés de rejeição ou desprezo, é possível trabalhar juntos para enfrentar os desafios e encontrar soluções construtivas para lidar com eles.

Compreender e utilizar os temperamentos a favor do casamento requer abertura, flexibilidade e a vontade de abraçar as peculiaridades do outro, enquanto lutamos contra nossos próprios defeitos e fraquezas. Ao fazer isso, podemos transformar as diferenças, aos poucos, em uma fonte de enriquecimento e crescimento mútuo. Nas palavras de São Josemaria Escrivá: "O convívio é possível [na família] quando todos se empenham em corrigir as deficiências próprias e procuram passar por alto as faltas dos outros... Pelo contrário, se dramatizamos os pequenos contrastes e mutuamente começamos a lançar em rosto uns aos outros os defeitos e os erros, então acaba a paz e corremos o risco de matar o amor".[7]

---

7 *Entrevistas com Mons. Josemaria Escrivá*, n. 108.

EM BUSCA DE EQUILÍBRIO: TRABALHO, FAMÍLIA E PROJETO DE VIDA

A crise conjugal também é uma chance de redefinir as prioridades e metas do casal. É o momento de avaliar o que é realmente importante e encontrar um equilíbrio saudável entre a vida pessoal de cada um e a vida compartilhada a dois. Isso pode envolver a renegociação de responsabilidades, a redefinição de objetivos e a criação de um plano de ação. Para isso, encontrar o equilíbrio entre trabalho, família e projeto de vida é essencial.

Muitas vezes, as demandas do trabalho e as responsabilidades familiares podem entrar em conflito, causando estresse e tensão no casamento. É necessário buscar uma harmonia entre essas áreas e permitir que cada aspecto seja valorizado e nutrido adequadamente. A chave para alcançar esse equilíbrio é estabelecer prioridades claras. Cada cônjuge deve refletir sobre suas metas, valores e aspirações pessoais e familiares, e, em seguida,

identificar as atividades e compromissos que são realmente significativos e contribuem para o bem-estar geral da família,

que sempre deve vir em primeiro lugar. Ao definir prioridades, é possível tomar decisões mais conscientes sobre como investir nosso tempo e energia.

Uma comunicação aberta e honesta também é fundamental para encontrar o equilíbrio desejado. É importante que os cônjuges compartilhem suas necessidades, preocupações e expectativas em relação ao trabalho, à família e ao projeto de vida. Dessa forma, mais do que organizar as responsabilidades e tarefas comuns, os cônjuges podem colaborar para encontrar soluções e apoiar um ao outro enquanto buscam seus objetivos, o que reforça o compromisso mútuo e aumenta a intimidade. Também aqui a empatia e o respeito são essenciais, permitindo que cada cônjuge se sinta ouvido e compreendido.

Como já dissemos, ter um projeto de vida compartilhado é fundamental para o equilíbrio no casamento, e a falta de projetos em comum pode ser um mau sinal. Isso envolve estabelecer metas e objetivos em comum, tanto para o casal como para a família como um todo. Ao compartilhar uma visão clara do futuro desejado, os cônjuges podem trabalhar juntos na realização dessa visão, alinhar suas aspirações individuais e tomar decisões em harmonia um com o outro e com a família.

Como tantas outras coisas, não existe uma fórmula fixa para encontrar o equilíbrio na nossa vida, mas sim um processo contínuo de reavaliação, ajuste e adaptação. À medida que as circunstâncias e as necessidades da família mudam, é importante permanecer aberto e encontrar novas maneiras de conciliar todas as áreas. Por isso, a flexibilidade é muito importante para lidar com os desafios e imprevistos que surgem ao longo do caminho.

Um aspecto importante na busca desse equilíbrio é o gerenciamento eficaz do tempo.

É necessário estabelecer limites claros entre o trabalho e a vida pessoal,

criando um espaço adequado tanto para a família quanto para si mesmo. Além de equilibrar os deveres e responsabilidades diários, é crucial reservar tempo para momentos de qualidade em família. Criar momentos significativos de conexão e intimidade fortalece os laços familiares e traz alegria ao dia a dia. Isso pode envolver atividades em conjunto, como refeições, passeios ou simplesmente momentos de conversa e diversão.

É importante lembrar que esses momentos não precisam ser elaborados ou extravagantes, mas sim genuínos e autênticos. Para quem tem filhos, também é importante reservar tempo de qualidade

tanto para eles quanto para a intimidade do casal. Isso pode envolver o estabelecimento de horários definidos para cada coisa, principalmente para o trabalho, de modo a reservar tempo para esses momentos de qualidade com a família e estabelecer limites saudáveis em relação às demandas externas.

Além disso, não podemos negligenciar o nosso próprio bem-estar ao buscar equilíbrio entre os principais aspectos da nossa vida. Cuidar de si mesmo, tanto física quanto emocionalmente, é essencial para estar presente e disponível para o casamento e para a família. Isso pode incluir a prática de atividades que nos tragam alegria e relaxamento, buscar apoio emocional quando necessário e cuidar da saúde física através de uma alimentação saudável, exercícios e descanso adequado. Também é importante lembrar que não estamos sozinhos. Principalmente no caso de famílias com filhos, pode ser importante buscar

suporte e apoio de amigos e familiares próximos para conseguirmos equilibrar todas as demandas.

Encontrar e reencontrar o equilíbrio na nossa vida é um processo e um aprendizado constantes, essencial para a saúde e a felicidade do casamento. À medida que vivemos as diferentes fases da vida, enfrentamos novos desafios e encontramos novas oportunidades. O casamento é uma jornada de crescimento que acompanha tudo isso, e o equilíbrio é um elemento fundamental nesse processo contínuo de adaptação e busca de harmonia. Os frutos desse esforço valem a pena, ajudam o amor a ficar cada vez mais fortalecido e a construir uma base sólida para uma vida conjugal plena. Mas nada disso será suficiente se não tivermos uma última coisa, que talvez seja, na verdade, a primeira de todas: o exercício do perdão.

APRENDER A PERDOAR

Todos os caminhos nos levam a este lugar: "Uma família, um lar, construído sobre o direito de ser feliz e os meros sentimentos, é uma casa de papel que um fósforo pode reduzir a cinzas".[8] Aprender a perdoar, um fruto necessário da humildade, é um aspecto fundamental para o sucesso do casamento e a superação de qualquer crise conjugal. Quando enfrentamos dificuldades e conflitos, é natural que ocorram desgastes e feridas emocionais. No entanto, permitir que esses sentimentos negativos se perpetuem e se acumulem apenas prepara ou intensifica uma crise e dificulta o processo de cura e reconciliação. Formam-se, então, essas "mágoas que, quando um esposo ofende o outro, emergem como uma lista interminável de recriminações e acusações mútuas"[9] que esfriam o amor.

---

8 Pe. Francisco Faus, 2020. Disponível em: https://padrefaus.org/2020/03/30/familia-luzes-no-lar/. Acesso em: 18 jul. 2023.

9 Ibid.

O perdão é um ato de libertação, tanto para o indivíduo que perdoa quanto para o relacionamento como um todo.

Perdoar não significa esquecer ou minimizar a gravidade das situações vivenciadas, mas sim escolher conscientemente liberar-se do peso emocional dessas experiências dolorosas. O perdão é o verdadeiro exercício da misericórdia, essa "capacidade de compreender e relevar as misérias alheias, assim como Deus compreende e perdoa as nossas".[10] É uma escolha poderosa de abandonar o passado e abrir espaço para a cura e a renovação. Quantas vezes não nos perdemos nas listas de defeitos ou erros dos nossos cônjuges, muitos dos quais já foram incansavelmente trazidos à tona?

10 Ibid.

Ao perdoar, estamos nos permitindo avançar, crescer e reconstruir a confiança no casamento. Isso não significa que tudo será esquecido instantaneamente, mas é um passo importante para permitir que o relacionamento se fortaleça e floresça novamente. Mesmo nas coisas pequenas, e talvez principalmente nelas, precisamos aprender a desculpar, relevar, não revidar na hora, mudar de conversa, lembrando-nos das palavras daquele sacerdote experiente, que dizia: "É melhor errar junto do que acertar sozinho".[11] Assim, o perdão proporcionará a oportunidade de reconstruir uma vez e outra a nossa conexão emocional, estabelecendo um ambiente de compreensão, empatia e respeito mútuo:

> Nos casos de conflitos entre pessoas [o autor está tratando do divórcio], asseveramos que a única

11 Pe. Paulo Monteiro Ramalho, 2020. Disponível em: https://www.fecomvirtudes.com.br/e-melhor-errar-junto-do-que-acertar-sozinho/. Acesso em: 18 jul. 2023.

solução, o único termo ou desenlace perfeito só pode ser atingido quando se chega à confrontação leal e verídica de um sentimento de culpa. Um desentendimento jamais poderá ser resolvido se as partes obstinadamente fogem dessa confrontação. Consegue-se um apaziguamento com evasivas, com fórmulas conciliatórias como aquela: 'ninguém tem culpa'; mas só se consegue uma cura profunda e fecunda quando cada parte queixosa for capaz de um duplo ato moral: o do reconhecimento de sua culpa, na base de uma genuína humildade; e o da ciência proporcionada e justa da culpa alheia, num ato de misericórdia, predisposto ao perdão [...]. O remédio específico para os desentendimentos não pode ser puramente psicológico. Há de ser moral, e não é outro senão o ato de humildade e o ato de generosidade.[12]

12 Gustavo Corção apud Pe. Francisco Faus, op. cit., 1997.

Dessa forma, o exercício do perdão nos liberta do ciclo de negatividade e ressentimento que pode consumir nossos pensamentos e ações. Quando guardamos mágoas e ressentimentos, tornamo-nos verdadeiros escravos de nós mesmos, afetando negativamente nossa própria saúde mental, emocional e mesmo física. Aprender a perdoar nos permite recuperar nossa paz interior e nos abrir para a possibilidade de um futuro mais feliz e saudável.

No entanto, sabemos que perdoar não é um processo fácil e instantâneo, principalmente em situações mais delicadas. Requer tempo, esforço e a superação de si mesmo. É importante reconhecer e avaliar nossas próprias emoções, buscar compreender as razões por trás das ações do outro, cultivar a empatia e desenvolver a capacidade de ver além de nossas próprias perspectivas. Quando necessário, é importante buscarmos ajuda profissional e espiritual para aprender a lidar da

melhor forma possível com nós mesmos e nossas circunstâncias.

A superação da crise conjugal por meio do perdão não é um caminho linear. No entanto, com paciência, compreensão e compromisso mútuos, o exercício do perdão certamente nos permitirá construir um relacionamento mais forte e saudável. É um ato de amor, coragem e generosidade que nos permite seguir em frente com um coração mais leve e uma perspectiva renovada.

CONSIDERAÇÕES FINAIS

Muitas vezes buscamos, principalmente nesse mundo das redes sociais, soluções ou pessoas que resolverão nossos problemas de forma mágica. Contudo, não existe uma fórmula ou receita de bolo para resolver uma crise conjugal. Neste livro, exploramos diversas facetas das crises conjugais e fornecemos algumas dicas sobre como identificar e enfrentar esses desafios. Buscamos entender melhor o que é o casamento, vimos que é normal experimentar períodos turbulentos e passar por momentos de crise, e que as crises podem ser oportunidades de crescimento, transformação e fortalecimento dos laços conjugais.

Ao longo das páginas, discutimos fontes comuns de crises — como a rotina, o desgaste do tempo, a imaturidade, o egoísmo e o orgulho — destacando como cada um desses pontos pode minar a

harmonia do casamento. Exploramos estratégias e abordagens para lidar com essas questões, desde a comunicação efetiva até o cultivo da empatia, da compreensão e do perdão. Focamos também na importância de nutrir o relacionamento, investir na intimidade emocional, cultivar o respeito mútuo e valorizar as diferenças individuais. Reconhecemos a necessidade de equilibrar constantemente os diversos aspectos das nossas vidas, e a importância de estabelecer metas e projetos compartilhados, e também do cuidado de si mesmo, do aprendizado contínuo e da busca por ajuda profissional quando necessário.

No entanto, é essencial lembrar que superar uma crise conjugal não acontece da noite para o dia. É um processo que requer tempo, paciência e comprometimento contínuo. Cada casamento é

único, e as soluções que dão bons resultados para um casal podem não funcionar para outro. Cada jornada é pessoal e requer esforço, compromisso e dedicação. Precisamos refletir sobre nosso caso concreto com o máximo de realismo possível, e espero que este pequeno livro possa ajudar com esse processo. Altos e baixos podem ser esperados ao longo do caminho. É importante manter o foco no objetivo final: construir um casamento mais saudável e feliz.

Como conclusão, desejamos que os leitores encontrem inspiração, esperança e coragem para enfrentar as crises conjugais de forma positiva e construtiva. Lembramos que o casamento é um trabalho contínuo, que exige esforço e comprometimento diários, mas que também é um chamado, uma verdadeira vocação de amor, entrega e serviço, e, por isso, fonte de verdadeira realização. Que este pequeno livro possa servir como um lembrete de

que, mesmo diante das adversidades, é possível não apenas salvar, mas construir um casamento duradouro e gratificante. Que você, leitor, encontre em si mesmo a capacidade de amar, perdoar e buscar a felicidade a dois, celebrando a beleza e a complexidade do casamento.

BIBLIOGRAFIA

BURKE, Cormac. *Amor e casamento*. 2. ed. São Paulo: Quadrante editora, 2017.

CIFUENTES, Rafael Llano. *A maturidade*. São Paulo: Quadrante editora, 2021.

ESCRIVÁ, Josemaria. *Entrevistas com Mons. Josemaria Escrivá*. São Paulo: Quadrante editora.

FAUS, Pe. Francisco. *A paz na família*. São Paulo: Quadrante editora, 1997.

________. *O homem bom*. São Paulo: Quadrante editora, 1990.

________. *O valor das dificuldades*. 2. ed. São Paulo: Quadrante editora, 1995.

LAS ASTURIAS, Nicolás Álvarez de; BUCH, Lucas; LAS ASTURIAS, María Álvarez de. *Una decisión original.* Palabra, 2017.

LECLERCQ, Jacques. 13. ed. *El matrimonio cristiano.* Rialp, 1968.

ROJAS, Enrique. *Liebe: die grosse Chance.* Köln: Adamas Verlag, 2016.

________. *O amor: a grande oportunidade.* São Paulo: Editora Planeta do Brasil, 2011.

Composto em Le Monde Livre,
Le Monde Sans e Explorer,
e impresso nos papéis Chambril
e Cartão triplex.

— 2023 —

Não jogue este impresso em via pública. Recicle essa ideia.

O MÍNIMO SOBRE
CRISE CONJUGAL
MARCELO
ZANETTE

O MÍNIMO SOBRE
CRISE CONJUGAL
MARCELO
ZANETTE

O MÍNIMO SOBRE
CRISE CONJUGAL
MARCELO
ZANETTE

O MÍNIMO SOBRE
CRISE CONJUGA
MARCELO
ZANETTE

O MÍNIMO SOBRE

CRISE CONJUGAL

CB079325

MARCELO ZANETTE

MÍNIMO MÍNIMO